COLONISATION

DE

L'ALGERIE

DÉDIÉ

AU GOUVERNEUR GÉNÉRAL DE L'ALGÉRIE

SON ALTESSE ROYALE

MONSEIGNEUR LE DUC D'AUMALE,

PAR

J.-B.-C. PICOT,

DOCTEUR EN DROIT, AVOCAT A LA COUR ROYALE DE PARIS.

—

PRIX : 40 CENTIMES.

—

PARIS,

EN VENTE : CHEZ L'AUTEUR, RUE DES GRÈS, 7,

ET CHEZ MOQUET, LIBRAIRE-ÉDITEUR,

Cour de Roban, 3.

1848

DÉDIÉ

AU GOUVERNEUR GÉNÉRAL DE L'ALGÉRIE,

SON ALTESSE ROYALE

MONSEIGNEUR LE DUC D'AUMALE,

Par J.-B.-C. PICOT,

DOCTEUR EN DROIT, AVOCAT A LA COUR ROYALE DE PARIS.

> Quel est le meilleur système de colonisation ?

Chacun en France se pose cette question qui offre un si grand intérêt d'actualité : « Quel est le meilleur système de colonisation ? »

Que de variations partout dans les réponses, comme dans nos essais pratiques en Algérie ! Les uns se hâtent de soutenir les systèmes des anciens : parmi eux quelques-uns donnent la préférence à la manière dont les Grecs colonisaient ; et la plupart penchent en faveur du système suivi avec persévérance par le peuple romain. D'autres, au contraire, se passionnent pour les systèmes modernes, pour celui des Anglais, pour celui des Russes.

Ce qui convient le mieux est de laisser les discussions auxquelles on se livre sur ces divers systèmes, qui tous peuvent avoir une bonté relative, mais dont à coup sûr aucun ne convient au génie de la France.

Précisons donc ainsi la question posée et demandons-nous :
« Quel est le système de colonisation qui est susceptible de
prendre le plus fortement racine, et qui est en même temps
le plus utile à la mère-patrie, qui lui coûtera le moins de
temps, d'argent et de sang ? » Quoique nous ayons par là
simplifié la question, elle demeure néanmoins encore trop
vague et trop abstraite. Aussi en se hâtant de répondre à
une pareille interrogation, on ne fait que de purs systèmes,
on bâtit sans fondement des théories plus ou moins hasar-
dées, plus ou moins vicieuses. Ainsi donc, sortons du nuage
des abstractions, et demandons-nous de nouveau : « Quel
est dans tel pays le meilleur système de colonisation pour
tel pays ? » Prenons pour exemple l'Algérie, et posons ainsi
l'interrogation : « Quel est en Algérie le meilleur système de
colonisation pour la France » ?

La question se trouvant ainsi posée sous son véritable point
de vue, on a fait un grand pas vers une bonne solution. On
voit, en effet, que l'on ne doit pas se passionner aveuglément
pour les méthodes de colonisation qui ont été mises en usage
par les peuples anciens, et qu'il serait très-dangereux de
suivre servilement l'exemple des peuples modernes.

La question reste néanmoins encore complexe ; elle renferme deux objets principaux qu'il faut bien examiner, bien
connaître avant que d'oser prendre une décision dans une ma-
tière qui intéresse à un si haut point l'avenir de la France.

Examinons, d'une part, ce qu'il faut pour coloniser l'Algérie ; et, d'autre part, quel est le but que la France se
propose d'atteindre, et quels sont les moyens à la fois les
plus faciles et les plus prompts d'arriver à ce but d'une
manière avantageuse.

§ 1. *Ce qu'il faut pour coloniser l'Algérie.*

Connaître ce qu'il faut pour coloniser l'Algérie, c'est connaître, 1° Quels sont les besoins qui se révèlent dans ce

pays ; 2° Quels sont les dangers qui menacent la colonie, et les moyens de les éviter.

1° Quels sont les besoins qui se révèlent en Algérie ? — Comme les mahométans ne cultivent pas beaucoup, comme les tribus ne font produire à la terre que ce qui est strictement nécessaire à leurs propres besoins, nous devons dire, soit parce que les Arabes n'auraient pas d'ardeur à cultiver pour nous nourrir, soit parce que le sol occupé par la France est très-fertile ; nous devons dire que *coloniser*, c'est en Algérie surtout *cultiver les terres.*

Ainsi donc, un point important, capital, consiste à reconnaître qu'il faut en Algérie des colons qui s'adonnent ardemment à la culture des terres : il y faut des laboureurs, des éleveurs de troupeaux, des vignerons ; il faut en un mot que le sol de l'Algérie qui est maintenant presque partout à peu près inculte, et qui par là ne suffit pas à produire les aliments nécessaires aux besoins d'une rare population, soit désormais livré à une culture intelligente et persévérante, et produise, ainsi qu'il en est susceptible, une quantité d'aliments qui excède les besoins d'une population sans cesse croissante.

Les hommes qui vont habiter l'Algérie répondent-ils à ce besoin ? Mille fois non. Jusqu'ici on a vu s'y abattre des hommes qui, loin d'être propres à fonder une bonne colonie naissante, suffiraient pour jeter le désordre et la confusion dans une colonie déjà florissante. On y voit arriver comme à un rendez-vous, de plusieurs pays de l'Europe, une foule d'aventuriers et de spéculateurs, qui tous y sont les bienvenus.

Or, je le demande, est-ce avec des aventuriers, avec un vil ramassis d'hommes sans état et sans mœurs, qui ont la tête remplie de rêves à la fois iniques et chimériques de fortune, est-ce avec eux que l'on peut faire marcher la colonisation dans une voie prospère ? Non, ce n'est pas avec ces fauteurs de troubles et de désordres, mais avec des hommes moraux et persévérants dans le travail que nous ferons des progrès assurés.

Quant aux spéculateurs qui vont en Algérie avec quelques rares capitaux dans le but de les multiplier par des prêts usuraires, qui font des placements de leur argent au quatorze, au trente, au cinquante et même au cent pour cent, et qui, pour assurer le paiement du capital et de l'usure, couvrent d'hypothèques ces immeubles naguère si libres; de tels spéculateurs ruinent la confiance, ébranlent les faibles bases de la colonisation et épuisent toute sa sève. Ce sont des fléaux que le sentiment français, d'accord en cela avec la religion, devrait repousser de l'Algérie. En effet, ce n'est pas seulement la raison, l'humanité et la religion, mais encore l'utilité de la France et la prospérité de la colonie qui réclament également la répression de pareils abus. Ne faut-il pas que les peines et les sueurs du colon lui profitent? N'est-ce pas à cette condition qu'il consentira à accepter l'Algérie comme sa patrie d'élection? Tout demande énergiquement que le colon puisse trouver en Afrique plus qu'ailleurs le bien-être et l'aisance pour lui et sa famille; tout demande que là il possède quelque chose qu'il ait intérêt et à conserver et à défendre.

Avant que de passer aux dangers qui menacent la colonie, nous devons dire quelques mots d'un système qui mérite quelques louanges, mais qui ne répond pas pourtant à tous les besoins.

Dominé par l'idée presque unique des périls auxquels les colons sont exposés de la part des indigènes, un maréchal illustre a proposé de coloniser avec des légions militaires, composées de soldats qui ont fini leur temps de service. Outre que ce mode n'était guère propre à favoriser les mariages, il ne répondait pas aux véritables besoins. En effet, ainsi que nous l'avons dit, en Algérie, *coloniser* c'est *cultiver.* Or les militaires qui ont fini leur temps de service ne répondent pas à ce besoin capital. La plupart d'entre eux n'ont jamais rien connu à la culture et n'ont même aucun état qui puisse être pour la colonisation de quelque utilité. En outre, ceux en petit nombre qui ont été cultivateurs avant que d'entrer dans le service militaire, finissent par perdre presque complétement leurs anciennes habitudes; lorsqu'ils arrivent à l'époque de leur congé, la vie des camps et l'habitude de ne plus manier que leur fusil les ont rendus incapables de reprendre subitement avec quelques succès les travaux nécessaires à une bonne culture des champs. Aussi lorsqu'ils retournent au foyer domestique, ce n'est que bien difficilement qu'ils peuvent reprendre un peu l'habitude de leurs anciens travaux : ils ne sont jamais de bons ouvriers. D'ailleurs, ce qu'ils font dans leur pays, avec leurs parents et les membres de la famille, dans les fonds qu'ils ont autrefois cultivés, soyez sûrs qu'ils n'auraient jamais le courage, ni même la force de le faire dans une terre étrangère !

Ainsi donc, ce qu'il faut en Algérie, ce sont de véritables colons, ce sont des hommes capables en tous points de fendre habilement la terre avec le soc de la charrue et de la bécher; des hommes qui sachent élever de beaux troupeaux. Ce n'est qu'à cette condition que la France fertilisera l'Algérie, qu'elle y fera naître l'abondance et qu'elle verra sa colonie dans une prospérité croissante.

2° *Quels sont les dangers qui menacent la colonie.* — Les dangers qui menacent la colonie sont principalement au nombre de deux, qui sont, d'une part, le climat lui-même, et de l'autre la haine des indigènes contre les chrétiens et les étrangers.

I. — Le climat de l'Algérie présentera toujours aux Français des dangers assez graves. Les grands travaux que le gouvernement français a achevés ou entrepris pour l'écoulement des eaux marécageuses et pour l'assainissement de la colonie diminuent sans doute les dangers, mais jamais ils ne les feront entièrement disparaître.

Les dangers du climat cesseront d'avoir de la gravité pour l'avenir de la colonie, si l'on y envoie des colons âgés généralement de dix-huit à vingt-cinq ans, surtout s'ils appartiennent à des familles pauvres, et s'ils sont déjà habitués à la culture et aux intempéries des saisons. La jeunesse se réunissant dans cet âge à la force, de tels hommes, déjà robustes et aux mains calleuses, triompheront sans peine des dangers du climat et finiront par s'y habituer complétement. Déjà endurcis aux travaux des champs, ils ne tarderont pas à se faire au genre de culture qui convient le mieux en Algérie. Nés de familles pauvres, ces colons se procureront facilement par la culture une honnête aisance qu'ils s'efforceront d'augmenter et qui contribuera puissamment à alléger la douleur que l'on éprouve dans un lieu lointain au souvenir du pays natal et de la famille. Il existe encore un autre moyen d'adoucir les amers regrets des colons : ce moyen consiste à réunir dans la même localité ceux d'entre eux qui sont nés dans la même province, et autant que possible ceux qui sont du même département, du même arrondissement, du même canton. En effet, il faudrait complétement méconnaître la nature humaine pour ignorer combien la communauté d'origine exerce de favorables influences sur le moral, sur la santé, et sur le bonheur des personnes éloignées du lieu de leur naissance. Cette communauté d'origine contribuera beaucoup à rattacher pour toujours les colons d'une manière plus étroite à la mère-patrie ; elle servira puissamment à faire régner parmi eux la justice et la fraternité. Cette fraternité produira à son tour les plus grands avantages, et les colons auront plus d'ardeur à s'aider et à se défendre réciproquement. Bien plus, cette communauté d'origine établira des relations pour ainsi dire collectives entre eux et leurs parents restés en France. S'ils sont heureux, ils réuniront leurs efforts pour augmenter des émigrations vraiment utiles à la colonie et pour faciliter des mariages qui donneront à la fois des colons français et indigènes.

II. Voyons maintenant les dangers qui, de la part des Arabes, menacent la colonie.

La haine des indigènes contre les colons durera longtemps, par la raison qu'elle est pour ainsi dire nationale et religieuse. Elle conservera peut-être toujours de profondes racines, et ne permettra jamais une union complète entre un Français et un Arabe, entre un chrétien et un mahométan.

Toutefois, il est certain que cette haine peut être beaucoup adoucie. Il faut nécessairement prendre tous les moyens possibles d'émousser les sentiments haineux des Arabes. Il faut également prendre toutes les mesures capables de mettre les colons à l'abri de la vengeance des indigènes.

1° Voici par quel moyen on peut amoindrir la haine des indigènes.

Lorsque le gouvernement français se propose d'envoyer une petite colonie dans une province quelconque, il faut qu'il commence par s'entendre avec les chefs des tribus, et qu'avec eux il détermine, en prenant pour base les besoins réels des indigènes, la portion de terre qu'ils devront équitablement conserver, et la portion qui devra appartenir à la colonie. Après que ce règlement a été fait et que le canton réservé à la colonie a été déterminé, il est de la plus haute utilité que l'installation de la colonie se fasse sous d'heureux auspices. Pour cela, il faut que le gouverneur-général de l'Algérie, le prince qui est une si haute garantie du succès de la colonisation, aille lui-même installer les colons d'une manière publique, en présence des tribus voi-

sines, assemblées à cet effet. Il appaise les craintes des indigènes en leur disant : Que les hommes qu'il leur amène sont
laborieux et justes ; — qu'ils n'ont rien à redouter de leur part
ni pour leurs biens, ni pour leur liberté civile et religieuse ;
—que par leur travail assidu les colons augmenteront la fer-
tilité des terres et la bonté des moissons, et que par là ils
augmenteront l'abondance qui profite à tous et contribue à
leur bonheur ; — que, loin de considérer les nouveaux ha-
bitants comme des ennemis, les indigènes doivent les considérer comme des frères ; — que tous ont un intérêt réciproque
à se protéger et à s'unir contre les ennemis communs qui
viendraient tenter de ravager leurs moissons et de razier
leurs troupeaux.

Ensuite, il faut que par des serments publics et accom-
pagnés de toute la pompe des solennités religieuses, les
colons et les indigènes s'unissent d'une manière étroite et
expresse, et s'engagent réciproquement à respecter les personnes et les biens, à se protéger mutuellement et à réunir
leurs forces pour se défendre contre les ennemis communs.

Enfin, il faut que l'on publie une peine très-rigoureuse
contre ceux qui viendraient par la suite à violer la foi jurée.

Chez tous les hommes, la solennité des engagements est
une grande garantie de leur exécution ; mais c'est surtout
chez les Arabes que cette solennité devient essentielle.

Pour se concilier plus fortement les indigènes, il faut que
les colons soient laborieux ; or ils le seront sans aucun doute
si l'on a soin de choisir des hommes aptes à la culture, et
s'ils ont des moyens de se procurer l'aisance par leur travail.
L'exemple du travail intelligent et persévérant des colons ne
tardera pas à être imité par les Arabes eux-mêmes. Ceux-ci,
possédant maintenant moins de terres, s'efforceront bientôt,
par une culture meilleure et plus continue, d'augmenter
leur aisance, leur fortune et leur bonheur.

Toutefois, il faut remarquer que ce n'est pas seulement

par leur travail, mais encore par tout l'ensemble de leur
conduite morale et religieuse, que les colons pourront se
concilier l'estime, la confiance et quelque amitié des natu-
rels ; s'ils sont justes, équitables, moraux et religieux, il
s'établira bientôt une union un peu solide entre eux et les
Arabes.

2° Malgré l'emploi de tous ces moyens qûi sont par eux-
mêmes si propres à établir entre les hommes des relations
durables de bienveillance et d'amitié, il ne faudrait pourtant
pas croire aveuglément qu'ils préviendront toute rébellion,
toute vengeance de la part des indigènes ; malgré les serments, malgré la soumission que vient de faire Abd-el-
Kader, ce qui est un événement favorable au développement
de la colonisation, il faut que le gouvernement veille encore
avec sollicitude sur le sort des colons. Si les Arabes les
voyaient sans défense, il y aurait tout à craindre qu'ils ne
se livrassent à quelques mémorables actes de fanatisme, à
quelques horribles massacres.

Pour prévenir de pareils malheurs et mettre les colons et
leurs biens à l'abri de la haine des indigènes, il faut que
chaque colonie soit assez forte pour se protéger elle-même
contre toute attaque. Or, c'est ce qui aura lieu si, d'une
part, tous les colons sont armés, disciplinés et exercés dans
l'art militaire ; et si, d'autre part, ils se trouvent réunis au
nombre de quatre à six mille, suivant que l'exige la situa-
tion de la petite colonie et la distance des lieux d'où peut
lui venir du secours. Par ce moyen, les colons n'auront
guère besoin de la protection des troupes, et les frais que
fait la France pour entretenir en Algérie une armée nom-
breuse seront promptement diminués. Il deviendra même
possible de recruter bientôt parmi les colons français les
troupes nécessaires au gouverneur-général.

§ 2. *Quel est le but de la France, et quelle est la manière la plus facile et la plus prompte d'y arriver.*

En occupant l'Algérie, la France s'est évidemment proposé de fonder une colonie qui contribue à augmenter à la fois sa puissance, son commerce et ses revenus. Voilà trois points capitaux qu'elle doit réunir : elle ne peut en négliger un seul sans rendre ses efforts et ses sacrifices stériles, ou du moins imparfaits. La position de l'Algérie, son voisinage de la France et la bonté de son sol, sont de nature à répondre brillamment à de pareilles espérances. Jusqu'ici pourtant, nos efforts sont demeurés à peu de chose près impuissants. Il ne faut pas en accuser notre société nouvelle : fondée sur la base inébranlable de l'égalité naturelle et évangélique, elle renferme les éléments les plus purs et les plus nombreux de prospérité et de succès. Mais nous ne savons pas encore puiser dans notre organisation les moyens énergiques que nous recélons pour former de bonnes et puissantes colonies. Nous avons d'excellents matériaux, mais nous ne savons encore ni les mettre en œuvre, ni même les discerner.

Nous avons fait le cahos en Algérie en y appelant de tous les pays, des aventuriers qui n'y importent que leurs vices. Ces hommes ne peuvent jamais fonder avec fruit ; et, d'ailleurs, est-ce pour assurer la fortune de tels hommes que la France doit faire de continuels sacrifices ?

Ne recherchons ni parmi les peuples anciens, ni chez les peuples modernes les moyens à employer pour fonder une colonie forte et puissante : ces moyens ne nous réussiraient pas, par la raison que nous avons un autre génie et une organisation différente. C'est en nous-mêmes, c'est dans notre constitution sociale que nons trouverons les meilleurs éléments de notre prospérité, et les germes précieux d'une féconde colonisation.

Sans nous livrer à de longues recherches, nous découvrons en nous une machine toute montée, qu'il suffit de faire fonctionner pour la colonisation, pour atteindre les plus beaux résultats. Elle nous donnera des hommes jeunes; des hommes déjà endurcis, pour la plupart, aux travaux de la culture, et qui se feront promptement aux soins spéciaux que peut exiger le sol africain; des hommes qui s'habitueront facilement au climat de l'Algérie; des hommes que l'on peut exercer en peu de temps dans l'art militaire de manière à se mettre suffisamment à l'abri des effets de la haine des indigènes; des hommes moraux et pauvres qui seront heureux de trouver l'occasion d'améliorer leur sort; des Français enfin dont le cœur et celui de leurs descendants, battra toujours d'amour pour la mère-patrie qui est habitée par leurs parents et qui renferme les tombeaux de leurs aïeux.

Qui ne reconnaît qu'il s'agit de la conscription?

Chaque année la conscription nous donne quatre-vingt mille jeunes soldats. Au milieu de la paix qui règne en Europe, quarante mille soldats suffisent pour les besoins du service militaire, puisqu'en cas d'une nécessité peu probable, nous avons des moyens de faire promptement de nouvelles et nombreuses levées. Eh bien, que l'on destine les autres quarante mille hommes à la colonisation de l'Algérie, où ils formeront environ huit petites colonies par an!

Après le tirage, les conscrits tombés au sort peuvent se faire inscrire pour l'Afrique, s'ils justifient qu'ils connaissent la culture ou même un état vraiment utile à la colonie. Si le nombre des volontaires n'est pas suffisant, on comble le déficit en prenant les plus faibles numéros.

Au reste, de même que pour le service militaire, les conscrits destinés à la colonisation ont le droit de se faire remplacer. Mais le remplaçant qui ne pourra pas avoir plus de vingt-cinq ans, doit non-seulement être propre au service

militaire; mais il doit encore être de bonnes mœurs et connaître la culture ou un état utile à la colonie.

Bien plus, comme le principal but que l'on se propose en
Algérie est la colonisation, il est de la plus grande utilité
d'admettre qu'un homme marié, lorsqu'il est cultivateur et
mineur de vingt-cinq ans, surtout lorsque sa femme consent
à le suivre, peut remplacer deux conscrits tombés au sort.

En outre, la sœur qui consent à accompagner son frère,
lorsqu'elle est majeure de quinze ans et mineure de vingt-
cinq, doit aussi pouvoir servir de remplaçant.

Quel que soit son âge, un père de famille ayant plus de
deux enfants mineurs de vingt-cinq ans, peut aussi être
remplaçant, et, en outre, chacun de ses enfants majeurs de
quinze ans compte pour un remplaçant. Quant aux enfants
mineurs de quinze ans, il en faut deux pour remplacer un
conscrit.

En procédant ainsi, le prix du remplacement pour l'Algérie ne s'élèvera certainement pas au-dessus de celui que
l'on paie pour le service militaire. En effet, bien des personnes vraiment aptes à fonctionner pour une bonne culture,
seront heureuses de recevoir le prix du remplacement, avec
la probabilité de réaliser en Afrique des bénéfices. Cela aura
lieu d'autant plus que, pendant leur engagement, loin de se
rendre impropres à la vie civile, loin de faire le sacrifice de
leur état, les colons se perfectionneront sous de bons maîtres
dans leurs habitudes de la culture. Mais si, par hasard, le
prix du remplacement s'élevait, ce malheur, qui ne pèserait
que sur les riches, tournerait au profit des pauvres et de la
colonisation elle-même.

La durée de l'engagement des colons n'excède pas celle
du service militaire; mais dès que ces jeunes colons seront
habitués au climat, et feront leurs affaires, ils perdront
presque tous et promptement l'esprit du retour en France,

d'autant plus qu'ils seront avec des compatriotes et que plusieurs auront leur famille en Algérie.

Après que la conscription et le remplacement ont déterminé les jeunes cultivateurs destinés à la colonisation, on les envoie immédiatement en Algérie. Lorsqu'ils ont été exercés pendant quelques mois dans l'art militaire, on les dirige, par compagnies de quatre mille environ, dans les localités dont les terres appartiennent au gouvernement. Chaque colonie spéciale, composée de *compatriotes* dans un sens restreint, est installée d'une manière solennelle en présence des tribus voisines. Mais cette installation doit se faire à peu de frais : des fusils et autres armes, des troupeaux, des instruments de travail, et des habitations presque arabes, voilà tout ce qui convient à ces colons qui doivent prendre quelque chose des habitudes des indigènes. Tant que les terres ne suffisent pas encore pour l'alimentation de la colonie, le gouvernement y pourvoit. Mais il est essentiel qu'il se rembourse ds ses avances dans une proportion correspondante à la bonté de la récolte de chaque année, de manière toutefois à ne pas faire languir la culture.

Quelle doit être l'organisation de chaque petite colonie? Il faut bien se garder de faire des règlements, des lois dont la nécessité ne s'est pas encore hautement révélée. Il faut laisser quelque chose à la sagacité d'un conseil qui se tiendra auprès du gouverneur-général. Toutefois, il est nécessaire de mettre à la tête de chaque colonie particulière : 1° des officiers qui exercent dans l'art militaire les colons âgés de plus de dix-huit ans; 2° de bons cultivateurs qui dirigent les travaux de l'agriculture; 3° un ministre du culte qui apprend à tous les devoirs de la justice et de la morale. Autant que possible, les officiers et le ministre du culte doivent être nés dans le même département que les colons eux-mêmes.

Les Romains réussissaient toujours dans les colonies

qu'ils fondaient, parce que les colons, liés par une communauté d'origine, étaient tous pauvres, cultivateurs, soldats et justes. En procédant comme nous l'avons indiqué, la France réunira toutes ces solides garanties de succès, en y en ajoutant une nouvelle, à cause de la différence du climat qui existe en France et en Afrique, c'est la jeunesse des colons, qui leur permettra de promptement s'acclimater.

Nous avons dit que le gouvernement ne doit pas se jeter, en faveur de la colonisation, dans la voie souvent si rapide des sacrifices pécuniaires, et qu'il doit même se rembourser sur le produit des récoltes des avances de toute nature faites aux colons. Mais doit-il rester propriétaire des fonds ? ou doit-il immédiatement les aliéner au profit des colons ? L'équité demande que le gouvernement français reste propriétaire, puisque c'est lui qui a fait la conquête et qui la conserve par ses armes. En suivant en cela l'exemple des Romains, qui attribuaient à l'État les fonds provinciaux, le gouvernement français se réserve une source très-féconde de revenus et de grandes richesses. Une pareille décision, loin de nuire aux progrès de la colonisation, les favorisera considérablement ; en effet, elle repoussera de l'Algérie la lie des spéculateurs, et les sueurs du colon lui profiteront bien plus sûrement.

Si l'on attribuait la propriété des terres aux colons lorsque rien n'est encore stable en Algérie, on verrait se multiplier tous les abus qui se sont sans cesse produits jusqu'à ce jour. Les colons quitteraient souvent l'Algérie en vendant leurs terres à d'odieux spéculateurs, ou en les donnant à ferme. Ensuite, le véritable colon, le cultivateur, auquel on imposerait souvent de rudes et précaires conditions, n'aurait plus aucun intérêt à faire fructifier les fonds de la colonie : de là il se hâterait de revenir au lieu de sa naissance et de ses parents, où le rappellent les aimables souvenirs de sa jeunesse. Désormais aucun avantage ne serait suffisant pour déterminer les cultivateurs français à quitter la mère-patrie, pour aller en Algérie prendre à ferme des fonds qui sont devenus la proie de spéculateurs avides, égoïstes et envahissants. De là, s'il était possible que les colons consentissent à devenir en Afrique les feudataires de quelques spéculateurs ; s'il était possible, ce qui n'est pas, que la colonie pût faire quelques progrès, les grands sacrifices de la France n'auraient abouti qu'à élever quelques grandes fortunes !

Mais si, au contraire, le gouvernement français a soin de conserver les propriétés qu'il a fait cultiver et protéger par ses colons-militaires, il n'y a absolument aucun inconvénient à redouter ; car il est certain qu'il agira toujours dans un but d'intérêt public. Ceux d'entre les colons qui auront fini leur temps de service, et qui désireront se fixer en Algérie, pourront y obtenir des baux emphytéotiques à de bonnes conditions ; mais il est utile de décider que le bail sera personnel, en ce sens qu'il ne pourra être ni cédé ni même sous-loué : cela par la raison, que celui-là seul qui cultive et qui défend les terres doit retirer les bénéfices.

Au reste, le gouvernement peut, en usant de cette faculté avec réserve, donner à perpétuité des terres aux colons qui se sont distingués dans les combats ou par leurs soins assidus dans la culture.

Par l'emploi si facile de pareils moyens, la France répondra parfaitement aux deux grandes nécessités de l'Algérie, et mettra la colonie en état de pourvoir bientôt à sa propre défense, même en cas de guerre européenne. En outre, elle atteindra sûrement, promptement et avec économie son but qui est d'augmenter à la fois sa puissance et ses revenus ; dès que l'Algérie sera vraiment productive et féconde, son commerce prendra de rapides accroissements qui tourneront en partie au profit de la mère-patrie.

Puisse ce court exposé, qui est basé sur des principes éternels et sur la constitution française, être de quelque utilité dans la grave question de l'Algérie et de la colonisation française en général! Puisse-t-il contribuer en quelque chose à décider la question dans un sens profitable à la fois à l'honneur et à l'avenir de la France, en même temps qu'à l'humanité, à la morale, à la religion et à la civilisation! Tous ces points se tiennent : il faut que la nation française les atteigne tous pour fonder quelque chose de durable, quelque chose qui réponde à sa grandeur et à sa dignité!

PARIS.—IMPRIMERIE D'ÉDOUARD BAUTRUCHE
Rue de la Harpe, 90.